AF705794

ज़िंदगी की सिलवटें

वक़्त की तहों में लिपटी कहानियाँ

Tirthankar Sutradhar

BookLeaf Publishing
India | USA | UK

Made with ❤ on the BookLeaf Publishing Platform
www.bookleafpub.in
www.bookleafpub.com

Dedication

(उत्सर्ग)

उन ख़ामोशियों के नाम,
जिन्होंने बोलना सिखाया...

उन लम्हों के नाम,
जो बीत गए, पर कभी गए नहीं।

बचपन की उस गली के नाम,
जहाँ सपनों ने पहली बार धूल ओढ़ी थी।

उन चुप बैठी शामों के नाम,
जिन्होंने "सुकून" का असली मतलब बताया।

अपने उस हिस्से के नाम,
जो आज भी कल की तरह साँस लेता है।

और अंत में.. मेरी ज़िंदगी की उन तमाम "**सिलवटों**" के नाम,
जिन्होंने मुझे "**कविता**" बना दिया।

Preface

(भूमिका)

कुछ ऐसी होती हैं जैसे पुरानी चिट्ठियाँ -
मुड़ी-तुड़ी, मगर महकती हुई।

इन पन्नों पर जो लफ़्ज़ हैं,
वो किसी शाम की ठंडी हवा जैसे हैं,
जहाँ मोहब्बत भी ठहरती है,
और यादें भी ठोकर खा कर बैठ जाती हैं।

हर कविता, ज़िंदगी के कपड़े पर पड़ी
एक अलग सिलवट है -
कहीं इंतज़ार की, कहीं हँसी की,
कहीं उस 'अलविदा' की,
जो कभी सच में कहा ही नहीं गया।

अगर इन अल्फ़ाज़ में तुम्हें
अपनी कोई बात मिल जाए -
तो समझ लेना, *ये सिलवट तुम्हारी भी थी।*

Acknowledgements

(आभार)

हर शब्द जो इस किताब में दर्ज है,
वो मेरे अकेले की नहीं,
उन तमाम लम्हों की कहानी है
जिन्होंने मुझे लिखना सिखाया।

शुक्रिया उस ज़िंदगी का -
जो हर बार टूट कर भी
एक नई सिलवट छोड़ गई।
वहीं से तो ये सफ़र शुरू हुआ।

आभार उन लोगों का
जो मेरी ख़ामोशियों को भी सुना,
और उन लोगों का भी
जो बीच में बोल कर चले गए -
दोनों ने मुझे कुछ कहने को दिया।

धन्यवाद उन अनजाने चेहरों का,
जो भीड़ में मुस्कुरा गए -
शायद उन्हें नहीं पता,
उनकी मुस्कान भी किसी पंक्ति में उतर आई।

और सबसे ज़्यादा शुक्रिया शब्दों का -

जो कभी साथ नहीं छोड़ते।
वो ही तो असली हमसफ़र हैं
इन "ज़िंदगी की सिलवटों" में।

ज़िंदगी की सिलवटें...

कभी सोचता हूँ...
ज़िंदगी भी अजीब चीज़ है।
हर बार जब लगता है कि अब समझ ली,
तो एक नई सिलवट दिखा देती है।

कभी उम्मीद के तकिए पर सिर रखो,
तो सपने धूल से ढँक जाते हैं,
और कभी हकीकत के आईने में झाँको,
तो चेहरा किसी और का नज़र आता है।

कभी ये मुस्कुराती है,
जैसे किसी बच्चे ने पहली बार
तितली पकड़ ली हो,
और कभी ऐसी चुप्पी ओढ़ लेती है,
जैसे बरसों से कोई बात दिल में सुलग रही हो।

हर सिलवट की अपनी कहानी है -
कहीं थकान की, कहीं तजुर्बे की,
कहीं उन बातों की,
जो वक्त की तहों में दब गईं।

कभी ये ज़िंदगी ठहर जाती है,
जैसे किसी पुराने घड़ी की सुई अटक गई हो,
और कभी भागती है,
इतनी तेज़ कि अपनी ही परछाईं पीछे छूट जाती है।

कभी अपने हिस्से की ख़ामोशी
इतनी गहरी लगती है,
कि लगता है - शायद सुकून भी
आवाज़ से डर गया हो।

कभी लगता है,
हम सब बस सिलवटें सी ही तो हैं,
किसी बड़े कपड़े का हिस्सा,
जिसे वक्त ने मोड़-मोड़ कर
कहानी बना दिया।

हर चेहरा, हर रिश्ता,
हर याद -
किसी मोड़ की सिलवट है।
कभी सीधी की जा सकती है,
कभी नहीं।

और शायद...
ज़िंदगी का असली सौंदर्य
इन्हीं सिलवटों में छुपा है -
क्योंकि जहाँ कुछ बिगड़ा नहीं,

वहाँ कुछ जिया भी नहीं।

\- बावरा मन

यादों का शहर

यादें...
वक्त का सबसे ख़ामोश सच हैं।
ना दरवाज़ा खटखटाती हैं,
ना आने का वक़्त बताती हैं।
बस यूँ ही...
किसी चाय की घूँट के साथ उतर आती हैं गले में,
और दिल में पुरानी बारिश सी घुल जाती हैं।

कभी किसी ख़ुशबू में छुपकर आती हैं,
कभी किसी गाने की पुरानी पंक्ति में,
कभी यूँ ही -
किताब के बीच में रखे सूखे फूल की तरह,
बिना कुछ कहे भी बहुत कुछ कह जाती हैं।

यादें कभी पूरी नहीं होतीं,
बस अधूरी रहकर ही मुकम्मल लगती हैं।
क्योंकि जो पूरा हो गया,
वो याद कहाँ रहा?
वो तो बस कहानी बन गया।

कभी लगता है,
यादों का भी कोई शहर होता होगा -
जहाँ हम सब के अधूरे पल
एक-दूसरे से मिलते होंगे,
और पूछते होंगे,
“तुम्हारा भी अंत नहीं हुआ क्या?”

- बावरा मन

मोहब्बत के मौसम

मोहब्बत...
कभी किसी अल्फ़ाज़ में नहीं उतरती,
बस हवा में हल्की सी महक बनकर रह जाती है।

कभी किसी आँख की कोर से फिसलती है,
कभी किसी मुस्कान के पीछे छुप जाती है,
और कभी -
यूँ ही किसी चाय की प्याली में
ठंडी होकर भी अधूरी रह जाती है।

मोहब्बत आवाज़ नहीं माँगती,
वो तो ख़ामोशियों में पनपती है -
जहाँ दो लोग बोलते नहीं,
फिर भी सब कुछ कह देते हैं।

कभी ये बारिश की तरह होती है,
हर चीज़ को छूती है,
पर कुछ भी अपने पास नहीं रखती।

कभी रेत सी -

जितनी ज़्यादा थामो,
उतनी जल्दी फिसल जाती है।

कभी किसी अजनबी की हँसी में
झलक मिल जाती है,
और मैं समझ जाता हूँ -
मोहब्बत लोग नहीं होती,
एहसास होती है।

मोहब्बत...
वो अधूरा पन्ना है,
जिसे पूरा करने की ज़रूरत ही नहीं।
क्योंकि अधूरी रहकर ही
वो सबसे ख़ूबसूरत लगती है।

- बावरा मन

अधूरी चिट्ठी

कई बार...
लिखते-लिखते रुक जाती है कलम,
ना स्याही खत्म होती है,
ना बात।

बस कहीं बीच में,
दिल कहता है -
अब इतना कहना काफ़ी है।

हर अधूरी चिट्ठी में
एक साँस अटकती है,
एक “कैसे हो?”
जो कभी भेजा ही नहीं गया।

कभी सोचा था,
चिट्ठियाँ पहुँच जाएँगी,
लोग नहीं तो लफ़्ज़ ही सही।
पर वक्त ने डाकख़ाने भी बदल दिए -
अब ख़ामोशियाँ डिलीवरी करती हैं।

काग़ज़ सूख गया,
स्याही रह गई,
बस एक नाम मिट नहीं सका –
जो हर पन्ने के कोने में अब भी धड़कता है।

अधूरी चिट्ठी...
शायद इसी लिए सबसे पूरी लगती है -
क्योंकि जो लिखा नहीं गया,
वो अब भी कहा जा सकता है...
दिल में, हर बार, नए सिरे से।

- बावरा मन

बातें जो कही नहीं गईं

कुछ बातें...
कहनी थीं,
पर वक़्त ने होंठ सी दिए।
दिल ने भी कहा -
"अब रहने दे, ये चुप्पी ज़्यादा सच्ची है।"

कभी वो लफ़्ज़ आँखों तक आए,
मगर नज़रों ने झुककर सब कह दिया।
कभी हवा ने भी कोशिश की
उन एहसासों को आवाज़ देने की,
पर सन्नाटा भारी पड़ गया।

अब वो बातें
ख़ामोशियों में साँस लेती हैं,
हर मुलाक़ात के बाद
थोड़ी और गहरी हो जाती हैं।

कभी किसी गाने की पंक्ति में,
कभी किसी पुराने ख़त की तह में -
वो लफ़्ज़ अब भी ज़िंदा हैं।

शायद जो कहा नहीं गया,
वही सबसे सच्चा था -
क्योंकि अल्फ़ाज़ तो अक्सर
एहसासों से कम पड़ जाते हैं।

फिर भी, कुछ ख्वाब
रात की चादर में छिपे हैं,
सपनों की राहों पर,
वो बातें अब भी चलती हैं।

सन्नाटे की मिठास में,
कभी कभी ये लफ्ज़ लौट आते हैं,
जैसे बरसात की बूंदें,
चुप्पी को एक नया रंग देती हैं।

- बावरा मन

पायल

वो जब चलती है,
तो सिर्फ़ कदम नहीं चलते -
वक्त भी उसके साथ बजने लगता है।

उसकी पायल...
कोई गहना नहीं है,
वो उस ख़ामोशी की आवाज़ है
जो उसकी मौजूदगी से भर जाती है।

हर छन-छन में
एक कहानी छुपी है -
कभी बारिश की गीली मिट्टी जैसी,
कभी किसी याद के कोने में रखी हुई।

कभी लगता है,
पायल उस एहसास का नाम है
जो दिखता नहीं,
बस सुनाई देता है -
जब कोई बहुत पास होता है
और फिर भी कुछ नहीं कहता।

कभी वो खुशी जैसी लगती है -
हल्की, चमकीली,
कदमों के नीचे बजती हुई।
और कभी जैसे सुकून की झंकार -
जो बता देती है कि
ज़िंदगी अब भी चल रही है,
धीरे, मगर सही ताल में।

कभी-कभी सोचता हूँ,
अगर पायल न बजे,
तो शायद पता ही न चले
कि प्यार आज भी यहीं है -
कमरे के सन्नाटे में,
उसकी साँसों की चाल में,
किसी अधूरी बात के आसपास।

वो पायल...
सिर्फ़ उसके पैरों में नहीं,
मेरे दिन में, मेरी सोच में,
मेरी तन्हाई की चाल में भी बजती है।

उसकी हर छन-छन
मुझे याद दिलाती है –
कि ज़िंदगी,
किसी को पा लेने में नहीं,
किसी की आहट में

अपनी धड़कन का संगीत सुन लेने में है।

\- बावरा मन

थोड़ा ख़ुद को लिखना बाकी है

थोड़ा ख़ुद को लिखना बाकी है...
काग़ज़ तो बहुत हैं,
पर स्याही अब एहसासों से बनती है।

कुछ लफ़्ज़ हैं जो मैं कह नहीं पाया,
वो अब भीतर उतरकर
ख़ामोशी की भाषा सीख रहे हैं।

थोड़ी हँसी बिखरी है कोनों में,
थोड़ा दर्द तहों में दबा है,
थोड़ी उम्मीद अब भी रखी है -
किसी पुराने ख़त के आख़िरी पन्ने पर।

कभी लगता है,
मैं पूरा हो चुका हूँ,
फिर कोई याद आ जाती है,
जो आख़िरी बिंदु मिटा देती है।

ज़िंदगी भी तो किताब जैसी है -
हर पन्ना लगता है ख़त्म,

पर कहानी कहीं भीतर
अब भी साँस ले रही होती है।

थोड़ा ख़ुद को लिखना बाकी है...
क्योंकि कुछ बातें अब भी
दिल के मार्जिन पर टिकी हैं।

शायद किसी दिन,
जब सन्नाटा काग़ज़ जैसा सपाट हो जाए,
और धूप एक लफ़्ज़ बनकर गिरे,
तब वो अधूरे वाक्य
अपने आप पूरे हो जाएँगे -
बिना लिखे,
बस महसूस होकर।

- बावरा मन

आईने के उस पार

हर सुबह आईना देखता हूँ,
तो लगता है -
कुछ बदल गया है,
पर कुछ अब भी वैसा ही है।

चेहरे पर वक़्त के निशान हैं,
पर आँखों में अब सुकून का रंग है।
शायद यही उम्र का इनाम होता है –
जब डर घट जाता है,
और समझ बढ़ जाती है।

आईने के उस पार...
कोई और **मैं** है,
जो कुछ ज़्यादा सच्चा,
और थोड़ा शांत लगता है।

वो मुझे देख कर मुस्कुराता है -
जैसे कह रहा हो,
"अब तुम खुद से लड़ना छोड़ दो,
रहने दो... हर जवाब ज़रूरी नहीं होता।

ज़िंदगी बुरी नहीं है,
बस उसने अपने सवालों का तरीका बदल दिया है -
अब वो गिराकर नहीं,
ठहरकर सिखाती है।”

कभी लगता है,
आईना मेरा साथी है -
हर दिन नया चेहरा दिखाता है,
पर यक़ीन दिलाता है कि
भीतर जो है, वो अब भी वैसा ही है।

आईने के उस पार...
कोई ग़म नहीं,
बस एक एहसास है -
कि सफ़र लंबा रहा,
मगर मैं अब
थोड़ा और *अपने जैसा* हो गया हूँ।

- बावरा मन

गली के मोड़ पर बचपन

कभी-कभी लौट जाता हूँ,
उस पुरानी गली के मोड़ तक -
जहाँ दीवारों पर अब भी
खेल के निशान धुँधले से बाकी हैं।

वहीं कहीं,
एक पतंग अटकी है बिजली की तार में,
और मैं अब भी सोचता हूँ,
कि अगर वक्त थोड़ा और रुक जाता,
तो शायद वो डोर न टूटती।

उस मोड़ पर हवा अब भी वैसी है -
थोड़ी सी धूल, थोड़ी सी हँसी,
और मिट्टी की महक में छुपा
वो सुकून, जो अब किसी कैलेंडर में नहीं मिलता।

उस हवा में आज भी
उंगलियों से फिसली पतंग की याद घुली है,
और माँ की आवाज़,
जो हर शाम सूरज ढलने से पहले पुकारती थी।

अब समझ आता है -
वो सिर्फ़ हवा नहीं थी,
वक़्त का एक टुकड़ा था -
जो वहीं ठहर गया,
जब हम आगे बढ़ गए।

कभी किसी बच्चे की आवाज़ सुनाई देती है –
“तू पकड़ा गया!”
और मैं पलटकर देखता हूँ,
पर वहाँ कोई नहीं होता,
बस अपने ही कदमों की आहट रह जाती है।

सोचता हूँ -
शायद बचपन कहीं गया नहीं,
बस वक्त की तहों में छुप गया है।
कभी किसी खुशबू के बहाने,
कभी किसी याद की सीढ़ी से उतरकर
वो अब भी खेलने आ जाता है।

गली के उस मोड़ पर...
अब दुकानें हैं, गाड़ियाँ हैं,
पर ज़रा आँखें बंद करो -
तो वही पुराना शोर सुनाई देता है,
वही हँसी, वही पुकारें।

शायद हम बड़े नहीं हुए,

बस मासूमियत की जगह मंज़िलें चुन लीं,
और खेलों की जगह ज़िम्मेदारियाँ।

\- बावरा मन

चाय ठंडी हो गई

चाय ठंडी हो गई...
पर बातें अब भी गरम हैं -
जो कही नहीं गईं,
वो भाप बनकर हवा में ठहरी हैं।

कप के किनारे पर
तेरे होंठों की जगह अब सन्नाटा बैठा है,
और चीनी के नीचे कुछ सवाल
धीरे-धीरे घुलने से इनकार कर रहे हैं।

कभी सोचा था -
प्रेम भी चाय जैसी होगी,
वक़्त मिले तो अपना स्वाद खुद ले लेगी।
पर अब समझ आया -
कुछ रिश्ते उबलते नहीं,
बस धीरे-धीरे
अपनी गर्मी में ही ख़ामोश हो जाते हैं।

हम दोनों के बीच अब भी
दो कप रखे हैं -

एक आधा भरा, दूसरा आधा सुना,
और बीच में वक्त,
जो हर घूँट की तरह
धीरे-धीरे ठंडा हो गया।

अब मैं चाय पीता नहीं,
बस देखता हूँ -
कैसे हर कप
एक मुलाक़ात का स्मारक बन जाता है।

चाय ठंडी हो गई...
पर उसकी खुशबू अब भी वैसी है,
जैसे कोई रिश्ता
समाप्त नहीं हुआ,
बस *ताप से समझ* में बदल गया हो।

- बावरा मन

बारिश की पहली गंध

बारिश की पहली गंध
आई थी आज,
तो लगा - ज़मीन ने फिर से साँस ली है।
वो मिट्टी, जो महीनों से सूखी थी,
अचानक नम हो उठी -
जैसे किसी ने उसे याद किया हो।

हवा में कहीं पुरानी आवाज़ें तैर रही थीं,
वो आवाज़ें जो कभी “हम” हुआ करती थीं।
पहली बूंद गिरी -
तो लगा जैसे किसी ख़त का पहला लफ़्ज़
कई साल बाद पढ़ा जा रहा हो।

बारिश की ये गंध...
सिर्फ़ मिट्टी की नहीं होती,
इसमें वक़्त की थकान,
यादों का स्वाद,
और किसी न कहे गए अलविदा की नमी भी होती है।

कभी-कभी सोचता हूँ,

ये गंध ज़मीन से नहीं,
दिल की गहराइयों से उठती है -
जहाँ कुछ एहसास अब भी
पहली बारिश का इंतज़ार कर रहे हैं।

कितना अजीब है -
हर बरसात में वही गंध मिलती है,
पर हर बार वो किसी और वक़्त को छू जाती है -
कभी बचपन की दहलीज़ पर,
कभी किसी भूले हुए नाम की तह में।

मिट्टी वही रहती है,
बस यादें हर बार नई भीगती हैं -
और मैं हर बरसात में
थोड़ा और पुराना हो जाता हूँ।

- बावरा मन

जो कहा नहीं गया

कुछ बातें...
लफ़्ज़ नहीं माँगतीं,
बस जगह चाहती हैं-
पलकों की तह, चाय की भाप,
या किसी पुराने ख़त का खाली मार्जिन।

जो कहा नहीं गया,
वही सबसे पहले पहुँच गया-
नज़रों की दरार से,
साँसों के रास्ते,
ख़ामोशी की पतली नसों में बहता हुआ।

होंठ तक आया एक वाक्य,
वक़्त ने हल्का-सा कंधा छुआ-
वाक्य लौट गया भीतर,
अर्थ बाहर ठहरा रहा।

कैलेंडर पलटते रहे,
तारीख़ें बदलती रहीं,
पर एक नाम...

हर पन्ने के कोने में
पेन्सिल से हल्का-सा लिखा रह गया।

बरसात आई तो मिट्टी बोली-
"जो रूह पहचान ले,
उसे आवाज़ की ज़रूरत नहीं।"
झिड़क कर भी वह गंध
दिल की अलमारी में टँगी रही।

कुछ बातें विराम चिन्ह होती हैं-
कौमा, कोष्ठक, तीन बिंदु...
वहीं ख़त्म हो जाती हैं
जहाँ उनसे आगे
दिल सुन सकता है।

तुम्हारे और मेरे बीच
दो कुर्सियाँ, एक सन्नाटा,
और एक दीपक-
जिसकी लौ भी बताती है
कौन-सी हवा अभी-अभी गुज़री है।

जो कहा नहीं गया,
वही सच निकला-
क्योंकि झूठ को
हमेशा आवाज़ चाहिए,
सच को अक्सर एक शांत कमरा काफ़ी होता है।

और अगर कभी
इन पंक्तियों में तुम्हें
अपनी कोई धड़कन सुनाई दे-
समझ लेना,
वो मैं नहीं था...
वो वही था **जो हमने कभी कहा ही नहीं।**

- बावरा मन

पलकों की तह में

कुछ लम्हे ऐसे होते हैं-
जो वक़्त से उतरकर
सीधे पलकों की तह में आ छिपते हैं।

नींद आती है,
तो वो धीरे-धीरे करवट लेते हैं,
जैसे पुरानी यादें
सपनों का दरवाज़ा खटखटा रही हों।

कुछ लम्हे मुस्कुराते हैं,
कुछ आँसुओं की तरह फिसल जाते हैं,
और कुछ वहीं रह जाते हैं-
थोड़े भारी, थोड़े अधूरे।

कभी सुबह की रोशनी पड़ती है,
तो आँखों के कोनों में चमक जाते हैं,
जैसे कोई अधूरा ख़त
सालों बाद खुल गया हो।

कभी हवा चलती है,

तो लगता है, कोई ख़्याल
फिर से लौट आया है-
बिना आवाज़,
बिना वजह,
पर बिल्कुल पहचान-सा।

इन पलकों की तह में
कितनी ज़िंदगियाँ छुपी हैं,
कितने अलविदा, कितनी मुलाक़ातें,
कितनी मोहब्बतें-
जो कभी कही नहीं गईं,
बस महसूस होती रहीं।

शायद ज़िंदगी वही है-
जो आँखें बंद करने पर दिखती है,
और लम्हे वही,
जो कभी बीते नहीं...
बस ठहर गए हैं
पलकों की तह में।

- बावरा मन

धूप की ठंडक

धूप की ठंडक भी एक एहसास है -
जो वक्त की तरह उतरता है,
धीरे... बहुत धीरे।

सुबह की किरण जब दीवार पर ठहरती है,
तो लगता है, जैसे रोशनी ने फुसफुसाया हो-
“शब्द मत बनो अभी, बस एक अहसास बने रहो...”

धूप कभी-कभी ठंडी क्यों लगती है?
शायद इसलिए-
उसने भी वक्त के साथ सीख लिया है,
कि हर चमक को तपना नहीं पड़ता।

खिड़की से आती धूप में
कुछ पुरानी खुशबू टंगी रहती है-
माँ की ओढ़नी की तरह,
या किसी पुराने ख़त की तरह
जिसमें स्याही सूख चुकी हो,
पर मतलब अब भी ज़िंदा हो।

कभी लगता है,
ज़िंदगी भी धूप जैसी है-
सीधी नहीं पड़ती,
कहीं से मुड़कर आती है,
और जहाँ गिरती है,
वहाँ थोड़ी रोशनी छोड़ जाती है।

धूप की ठंडक...
वो सुकून है,
जो तपिश के बाद समझ आता है-
जैसे प्रेम का वो रूप
जो अब जलाता नहीं,
बस रौशनी बनकर रह जाता है।

- बावरा मन

अधूरा होना भी पूरा है

कभी-कभी सोचता हूँ-
कितना अच्छा है,
कि सब कुछ कभी पूरा नहीं हुआ।

कुछ बातें आधी रह गईं,
जैसे अधूरी पंक्ति के बाद
कोई विराम नहीं,
बस ख़ामोशी रख दी हो।

कुछ चेहरे अधूरे देखे,
पर याद में पूरे हो गए-
वो जो चले गए,
वो अब भी यहीं हैं,
बस नाम बदलकर।

अधूरा होना भी एक तरह की पूरीपन है-
जैसे चाँद का एक हिस्सा
हर रात ग़ायब रहकर भी
रोशनी पूरी करता है।

हर रिश्ता अगर मुकम्मल हो जाए,
तो लफ़्ज़ मर जाते हैं;
अधूरेपन में ही तो
यादों की साँस चलती रहती है।

शायद इसीलिए,
ख़त वहीं रुक जाते हैं,
जहाँ स्याही और एहसास एक हो जाते हैं,
और संगीत...
उस सुर पर अटक जाती है,
जहाँ आवाज़ साँस से मिलती है।
और प्रेम-
वक़्त से ज़रा पहले थम जाती हैं,
ताकि एहसास... उम्र से लंबा जी सके।

ज़िंदगी का सबसे सुंदर सच यही है-
कि जो पूरा हो गया,
वो खत्म हो गया।
और जो अधूरा रहा...
वो अब तक ज़िंदा है-
मेरे भीतर,
मेरी बातों में,
मेरे हर ख़ामोश वाक्य के बाद
तीन बिंदुओं की तरह...

- बावरा मन

दो कुर्सियों के बीच

दो कुर्सियों के बीच
बस एक छोटी-सी हवा रहती है-
ना इतनी दूर कि पुकारा न जा सके,
ना इतनी पास कि कुछ कहा जा सके।

वो हवा...
हर शाम आकर वहीं ठहरती है,
जहाँ दो चाय के प्याले रखे होते हैं-
एक आधा भरा,
दूसरा आधा ठंडा।

कभी तुम्हारी हँसी उस ओर गिरती है,
कभी मेरा सन्नाटा इस तरफ़ लुढ़क आता है-
और बीच में,
वक़्त बैठा मुस्कुरा रहा होता है।

दोनों कुछ नहीं कहते,
पर हर आवाज़
उस खामोशी से टकरा जाती है
जो कुर्सियों के बीच टँगी है-

जैसे दो अनकहे ख़त
हवा में खुले रह गए हों।

कभी-कभी लगता है,
अगर मैं थोड़ा और झुक जाऊँ,
या तुम ज़रा सी उठ आओ,
तो वो फासला मिट जाएगा।
पर फिर सोचता हूँ,
शायद यही फासला
हम दोनों को "हम" बनाए रखता है।

दो कुर्सियों के बीच,
कई बातें बैठी हैं-
जो कही नहीं जातीं,
बस हर दिन थोड़ी और गहरी हो जाती हैं।

और जब हवा गुजरती है,
तो दोनों कुर्सियाँ
थोड़ा-थोड़ा हिल जाती हैं-
जैसे कोई अनसुनी बात
फिर से जी उठी हो...
थोड़ा सा,
धीरे से।

- बावरा मन

साथ बैठना भी एक बात होती है

साथ बैठना भी एक बात होती है-
बिना कुछ कहे,
दो ख़ामोशियों का एक-दूसरे से मिल जाना।

वो पल जब शब्द
अपनी ज़रूरत खो देते हैं,
और नज़रें
सिर्फ़ साँसों की चाल सुनती हैं।

तुम सामने हो,
पर बीच में जो हवा है,
वो भी अब किसी बात से भर गई लगती है-
जैसे दो पन्नों के बीच
किसी पुराने फूल की ख़ुशबू फँसी हो।

साथ बैठना...
यानी किसी की रूह को
ख़ामोशी की तहज़ीब में सुनना-
बिना सवाल की गुज़ारिश,
बिना जवाब की राहत,

बस उस नज़दीकी को जीना
जो बयान से बाहर है।

कभी वो चुप्पी इतनी गहरी होती है,
कि वक्त भी ठहरकर सुनता है-
जैसे बारिश थम जाए
और सिर्फ़ मिट्टी की महक रह जाए।

कभी लगता है,
अगर यह पल बोल पड़ा,
तो शायद जादू टूट जाएगा-
इसलिए हम दोनों
बस बैठे रहते हैं,
अपनी-अपनी चाय ठंडी करते हुए,
एक-दूसरे में धीरे-धीरे उतरते हुए।

साथ बैठना भी एक बात होती है-
क्योंकि कुछ रिश्ते कहे नहीं जाते,
बस पास रखे जाते हैं-
जैसे मेज़ पर दो कप चाय,
जिनमें अब भी
थोड़ी-सी भाप बाकी है,
थोड़ा-सा वक़्त ठहरा है,
और बात...
जो कही नहीं गई।

- बावरा मन

स्कूल बैग में छिपा आकाश

कभी देखा है,
बच्चे के स्कूल बैग में कितना आसमान होता है?
थोड़ी धूप,
थोड़ा काग़ज़ का उड़ान भरता सपना,
और कुछ पेंसिलें-
जो हर रोज़ नई दुनिया बनाती हैं।

हर किताब के बीच
कोई पेड़ उगता है,
कोई नदी बहती है,
कोई कहानी पन्नों के किनारे बैठी
अपना नाम ढूँढती है।

कॉपी के पिछले पन्नों पर
कभी किसी का चेहरा बन जाता है,
कभी सूरज,
कभी बस एक गोला-
जिसमें पूरा ब्रह्मांड समा जाता है।

उस बैग में किताबों से ज़्यादा आसमान होता है,

जहाँ हर रबड़-
गलती नहीं मिटाती,
बस उम्मीद को जगह देती है,
किसी नई उड़ान के लिए।

आज वो बैग कहीं नहीं है,
पर लगता है-
हर बार जब कोई बच्चा
सुबह की धूप में दौड़ता है,
तो उसके पीछे वही आकाश उड़ता है,
जो कभी मेरे कंधों पर टंगा रहता था-
हल्का, मासूम,
और सपनों से ज़्यादा सच्चा।

- बावरा मन

दराज़ में रखा वक़्त

दराज़ में रखा वक़्त,
अब भी वहीं है-
पुरानी रसीदों,
कुछ अधूरे ख़तों,
और सूख चुके परफ़्यूम की महक के बीच।

वो टिक-टिक नहीं करता अब,
बस कभी-कभी काग़ज़ों के नीचे
हल्का सा सरकता है-
जैसे कोई पुरानी याद
अब भी साँस ले रही हो,
बिन किसी आवाज़ के।

कभी खोलो तो
वो एक पुराना पल उभर आता है-
जहाँ घड़ी रुक गई थी,
पर बात अधूरी थी।

उसमें अब भी थोड़ी गर्मी है,
थोड़ी धूल,

और बहुत-सी ख़ामोशी-
जो हर बीते दिन की तह में
किसी लफ़्ज़ की तरह छुपी रही।

कभी-कभी सोचता हूँ,
अगर वो वक़्त दराज़ से निकाल लूँ,
तो शायद फिर वही दोपहर लौट आए-
जहाँ मैं और मेरी चुप्पी,
एक ही कुर्सी पर बैठे थे,
धूप की परतों में लिपटे हुए,
बिना किसी सवाल के,
बिना किसी मक़सद के।

- बावरा मन

उसकी पलकों पर ठहरी शाम

उसकी पलकों पर ठहरी शाम-
जैसे वक़्त ने वहीं आकर
अपनी थकान उतार दी हो।
रौशनी अब धूप नहीं लगती,
बस किसी नर्म ख़याल की तरह
बस एक मुलायम आहट बनकर रह गई है।

उसकी आँखों में दिन धीरे-धीरे उतरता है-
जैसे कोई उजाला थककर
पनाह ढूँढ रहा हो किसी दुआ के भीतर।

कभी-कभी लगता है,
शाम ने खुद उससे उधार ली हो अपनी नर्मी-
वो जो धूप को भी
छाँव की तरह महसूस करवाती है।

उसकी पलकों पर
एक पूरा मौसम ठहर जाता है-
आख़िरी धूप की साँस,
और पहली हवा का लहजा।

और मैं...
जो बस देखता रह जाता हूँ-
कैसे कोई शख़्स
दिन और रात के बीच
इतना ख़ूबसूरत सुकून बन सकता है।

- बावरा मन

पलकों पर ठहरी धूप

कभी देखा है-
धूप जब आँखों के पास आती है,
तो उसकी चाल धीमी हो जाती है,
जैसे उसे भी डर हो
कहीं कोई ख़्वाब टूट न जाए।

वो ठहरती नहीं,
बस पलक की नमी पर रुक जाती है-
जैसे किसी अधूरे ख़्वाब के किनारे
कोई उजाला बैठा सोच रहा हो।

उस पल, सब कुछ सुनहरा नहीं होता-
बस थोड़ा सुकून,
थोड़ा अतीत,
और थोड़ी सी अनकही गर्मी
आँखों में घुल जाती है।

धूप अब जलती नहीं,
शायद वक़्त ने उसे सिखा दिया है-
किसी को छूना भी इबादत है,

अगर उसमें सुकून रह जाए।

और मैं सोचता हूँ-
क्या यही मोहब्बत है?
जो जलाए नहीं,
बस रोशनी सिखा दे;
जो देखी नहीं जाती,
बस पलकों पर ठहर जाती है-
धूप बनकर।

- बावरा मन

www.ingramcontent.com/pod-product-compliance
Lightning Source LLC
Chambersburg PA
CBHW070648240926
51846CB00003BA/827
9789373148915